ALIMENTOS À BASE DE SOJA

A necessidade que todos nós temos de uma dieta saudável e gostosa, que traga benefícios para a saúde, põe em foco a soja, que pode ser consumida de diversas maneiras. Hoje, os pratos à base de soja são gostosos e têm aparência apetitosa.

Este livro ensina você a tirar o melhor proveito da soja para usá-la em pratos realmente saborosos. Aqui você aprende a dar o choque térmico nos grãos para eliminar o gosto amargo e, em seguida, preparar receitas variadas, como o famoso pão de soja, testado e aprimorado pelo departamento de Engenharia de Nutrição da Embrapa, que montou uma padaria especialmente para comercializar esse pão, com bastante sucesso.

Você também vai aprender como tomar um leite de soja a bom preço e prepará-lo de diversos modos para diversificar o sabor e usá-lo em tortas salgadas e doces e até em um bolo de Natal!

Na culinária, os segredos e as dicas fazem a diferença, e é exatamente isso que você vai aprender aqui.

Dra. Carla Avesani
Doutora em Nutrição pela Universidade Federal de São Paulo
Nutricionista da Fundação Oswaldo Ramos

SUMÁRIO

Uma alimentação saudável, 3
Benefícios para a saúde, 4
Isoflavonas, 5
A importância da soja, 5
Como consumir soja de modo saboroso, 6
26 receitas saborosas com soja, 8

*Qualquer informação sobre as formas de tratamento existentes
neste livro serve apenas de orientação; em nenhuma hipótese
representa prescrição de uso. Consulte um profissional
especializado para cada situação.*

Autora: Silvana Salerno

Consultoria: Dra. Carla Maria Avesani

Diagramação e ilustrações: Eduardo Bordallo

Capa: Estação Design

Foto da capa: Luiz Fernando Macian; Guida Rozzino (produção)

© 2005 Editora Melhoramentos Ltda.

1.ª edição, 18.ª impressão, janeiro de 2007

ISBN: 978-85-06-04475-9

Atendimento ao consumidor:

Caixa Postal 11541 – CEP 05049-970

São Paulo - SP – Brasil

Impresso no Brasil

Impressão e Acabamento: Garilli Gráfica e Editora Ltda.

UMA ALIMENTAÇÃO SAUDÁVEL

Todos nós buscamos uma vida melhor, com saúde e boa disposição. Para atingir esse objetivo, a primeira etapa é cuidar da alimentação, pois o corpo é o reflexo daquilo que ingerimos. Uma dieta variada e equilibrada é o ideal, isto é, comer de tudo um pouco.

Para entender melhor o processo alimentar, vamos ver como funcionam os alimentos. Eles são compostos por três grupos de alimentos: construtores, energéticos e reguladores.

Os construtores compreendem aqueles que contêm grande quantidade de proteínas, que formam e renovam o tecido muscular e os ossos. As proteínas encontram-se nas carnes (boi, frango, peixe e porco), nos ovos, nos laticínios (com exceção da manteiga), nos grãos (soja, feijão, grão-de-bico e lentilha) e nas frutas oleaginosas (nozes, amêndoas, castanhas, avelã e amendoim). Este livro vai dar mais ênfase para este grupo de alimentos, já que estamos tratando da soja.

O grupo dos energéticos compreende os alimentos com grande quantidade de carboidratos e/ou gorduras. Esse grupo tem esse nome por que é composto por alimentos que fornecem energia para que todo o "mecanismo" do nosso organismo funcione adequadamente. Os carboidratos são encontrados principalmente nos açúcares, cereais (arroz, trigo, milho etc.) e nos tubérculos (mandioca, batata etc.). As gorduras estão presentes nos óleos de origem vegetal (soja, milho, oliva, margarinas etc) e nos de origem animal (manteiga, banha de porco etc).

O grupo dos reguladores é composto pelas frutas, legumes e verduras e atua no metabolismo, no crescimento e na reprodução das células, além de auxiliar na prevenção e no combate das infecções. A função desses alimentos é fornecer vitaminas e minerais para o organismo. As fibras também estão presentes nas frutas, verduras e legumes e são importantes para o bom funcionamento do intestino.

De maneira geral os alimentos contêm um pouco de cada um dos três macronutrientes: (carboidrato, proteína e gordura). Por exemplo:

a soja contém proteína, carboidrato e gordura, mas proporcionalmente apresenta maior quantidade de proteína.

O que faz da soja um alimento especial é a sua capacidade de fornecer proteína de boa qualidade (tão boa quanto a proteína presente nas carnes). Além disso, ela apresenta os outros dois macronutrientes, fibras e fitoestrógenos, sobre os quais falaremos mais adiante.

BENEFÍCIOS PARA A SAÚDE

A soja é uma leguminosa considerada um "alimento funcional". O que isso significa? Além de fornecer nutrientes, os funcionais têm outras propriedades. No caso da soja, auxilia a prevenir (não a curar) algumas doenças, como o aumento dos níveis de colesterol no sangue (o que previne doenças cardíacas), alguns tipos de câncer etc.

A soja pode ser muito útil para as mulheres durante o climatério e a menopausa. Como um simples grão pode fazer isso? É que a soja contém fitoestrógenos – substâncias naturais produzidas por grãos e brotos, que atuam de maneira semelhante à dos estrógenos (hormônios femininos). Além disso, a soja é composta de proteínas de alto valor biológico – importantes na construção e manutenção muscular –, de carboidratos – que fornecem energia –, de óleos insaturados – que ajudam a proteger contra doenças do coração – e de minerais e vitaminas com alto poder antioxidante – ferro, potássio, fósforo, cálcio e vitaminas do complexo B –, que atuam na prevenção de doenças degenerativas, como vários tipos de câncer.

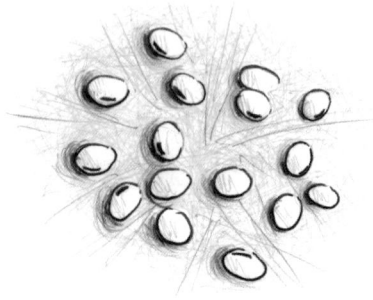

ISOFLAVONAS

Durante a fase do climatério (que abrange a menopausa), ocorre uma grande diminuição da produção de hormônios femininos. Como os fitoestrógenos da soja atuam de maneira semelhante à dos hormônios femininos, eles podem ser utilizados para fazer essa reposição hormonal naturalmente.

De acordo com pesquisa feita pela Fundação Médico-Cultural de Gastroenterologia e Nutrição de São Paulo, as isoflavonas presentes no grão de soja, no tofu e no missô diminuem os calores típicos da menopausa. Nos homens, as isoflavonas atuam na prevenção do câncer de próstata.

Lembre-se de que, além de ter uma dieta saudável, que inclua alimentos dos três grupos apresentados, é preciso praticar uma atividade física apropriada para o seu tipo físico e idade, de maneira regular.

A IMPORTÂNCIA DA SOJA

Apesar de ser extremamente saudável, esse grão ainda não ganhou o espaço que merece. Muitos o associam à alimentação vegetariana, o que é um erro, pois ele pode e deve ser consumido por qualquer pessoa, jovem ou idosa, de qualquer sexo. Incorporar a soja a seus hábitos alimentares não vai ser difícil, pois ela se apresenta de várias formas.

A soja pode ser consumida em grãos (cozida como o feijão, ou fria, como salada), processada como proteína texturizada de soja, e usada em substituição à carne em cozidos, guisados, estrogonofe, almôndegas, hambúrguer etc.), em pó (farinha e extrato), em forma de queijo (tofu), pasta para sopa (missô) e molho (shoyu). A farinha, o extrato e o kinako (farinha caseira grossa) entram no preparo de pães, tortas, bolos, granolas, mingaus, vitaminas e iogurtes.

Para você poder desfrutar desse alimento tão importante à saúde, preparamos 26 receitas especiais com todas essas formas do grão. A cada dia, a soja ganha mais espaço na mesa do brasileiro; agora, até os grandes chefes de cozinha adotam essa leguminosa no preparo dos salgados e doces.

> *Atenção com o shoyu — ele é tempero e não deve ser usado como alimento terapêutico, pois contém muito sódio, o que é ruim para quem quer emagrecer, tem pressão alta ou problema de retenção de líquido.*
> *Use apenas algumas gotas de shoyu, para dar sabor, e, nesse caso, use pouco sal.*

COMO CONSUMIR SOJA DE MODO SABOROSO

Proteína de soja

O modo de preparar a soja se modificou muito nos últimos tempos, e os pratos ficaram mais sofisticados. Seguindo as receitas deste livro você poderá comer assados, cozidos, hambúrgueres e almôndegas sem perceber que está comendo proteína de soja: a textura é de uma carne macia e o sabor, mais suave.

Existem dois tipos de proteína texturizada de soja (PTS): a graúda e a miúda. A graúda é cortada em quadrados de tamanho médio e é utilizada no preparo de estrogonofe, cozidos, assados etc. A miúda funciona como uma carne moída: é usada para fazer almôndega, hambúrguer, picadinho etc.

LEITE DE SOJA

O leite tem sabor neutro. É comercializado em pó, em lojas de produtos naturais, com o nome de "extrato de soja". Pode ser consumido com frutas, em forma de vitamina (veja as receitas mais à frente), com achocolatados, quente ou frio. Dissolva 1 colher (sopa) de extrato de soja em 1 copo de água e misture bem. O leite de soja pode ser consumido com frutas, em forma de vitamina, com iogurte (veja receitas ao final) e com achocolatado, quente ou frio. O leite de soja em pó, enriquecido, encontrado em lata nos supermercados, é próprio para crianças que não podem consumir leite de vaca, e seu preço é muito superior ao do extrato de soja. Também existe a opção de comprar o leite diluído e adoçado (com açúcar ou adoçante) no supermercado. No entanto, fique atento aos leites de soja diluídos em sucos de fruta, pois esses preparados contêm pouca quantidade dessa grão e não são considerados fontes de soja.

SUCOS

Saborosos e nutritivos, os sucos de frutas com soja são particularmente indicados para quem tem problemas digestivos ou de estômago, como a gastrite.

UM HÁBITO ORIENTAL

No mundo ocidental, são poucas as pessoas que têm costume de consumir diariamente a soja e seus derivados. No Brasil, os vegetarianos que não comem carne de qualquer tipo (boi, frango, peixe ou porco) consomem soja mais habitualmente, como substituto da proteína animal, pois ela contém aminoácidos de boa qualidade, que suprem parte da carência dos nutrientes da carne.

No mundo oriental, o consumo de soja é muito maior, e diversos produtos derivados dela fazem parte de seus hábitos alimentares. No Japão, por exemplo, o tofu, o missô e o shoyu entram no cardápio diário.

26 RECEITAS SABOROSAS COM SOJA – BOM APETITE!

SALADAS

SALADA DE FOLHAS COM TOFU

Ingredientes para 4 porções:
½ pé de alface americana – ½ pé de alface roxa – 5 galhos de agrião – 100 g de tofu – shoyu – 2 colheres (sopa) de azeite de oliva – ervas aromáticas

Tempo de preparo: 15 min
Calorias por porção: 64

Modo de fazer: Lave muito bem as verduras, escorra e seque. Arrume as folhas de alface numa saladeira e cubra-as com as folhinhas de agrião. Escorra a água do tofu, seque-o bem e corte em cubos. Coloque por cima das folhas. Tempere o tofu com shoyu e as folhas, com azeite de oliva e ervas aromáticas.

MAIONESE DE SOJA

Ingredientes para 4 porções:
1 copo de extrato de soja gelado – 1 copo de água gelada –1 dente de alho espremido – sal a gosto – cerca de 10 colheres de sopa de óleo de soja ou milho – um fio de azeite de oliva – 2 colheres (sopa) de suco de limão – 1 tomate picado – salsa e hortelã picadas

Tempo de preparo: 15 min
Calorias por porção (1 colher de sopa): 52

Modo de fazer: Misture o extrato de soja na água gelada até dissolver totalmente. Coloque no liquidificador com o alho e o sal. Enquanto os ingredientes batem, despeje o óleo, em um fio fino, até o líquido engrossar. Retire do liquidificador, acrescente 2 colheres de suco de limão e misture bem. Acrescente o tomate, a salsa e a hortelã bem picadinhas.

VARIAÇÃO: *Você pode substituir o tomate por cenoura ralada e pepino (ou cebola) picados.*

MAIONESE DE TOFU

Ingredientes para 4 porções:
2 xícaras (chá) de tofu – 1 colher (sobremesa) de azeite – 1 colher (sobremesa) de mostarda – sal e orégano a gosto – 2 colheres (sopa) de suco de limão espremido na hora

Tempo de preparo: 10 min
Calorias por porção (1 colher de sopa): 20

Modo de fazer: Coloque o tofu picado no liquidificador. Acrescente a mostarda, o azeite, o sal, o orégano e bata. Despeje o azeite e continue a bater. Quando os ingredientes estiverem bem incorporados, coloque o suco de limão espremido na hora. Bata mais um pouco e retire. Sirva gelada. Ela pode ser usada para acompanhar sanduíches e saladas ou consumida com pão, alface e tomate: é saborosa e pouco calórica.

PRATOS QUENTES

COZIDO COM ERVA-DOCE

Ingredientes para 4 porções:
1 xícara (chá) de soja – 1 folha de louro – 1 colher (sopa) óleo de

soja – 1 bulbo de erva-doce com as folhas – 1 cenoura cortada em rodelas – 1 cebola cortada em quatro – 1 xícara (chá) de salsa e hortelã picadas – 3 colheres (sopa) de azeite de oliva – 1 pimenta vermelha – sal a gosto

Tempo de preparo: 40 min (mais 8 h de molho)
Calorias por porção: 122

Modo de fazer: Cozimento da soja: lave os grãos em água corrente, coloque-os em uma panela de pressão com água e ferva por 5 minutos. Escorra a água quente e dê um choque térmico, lavando a soja em água fria. Deixe de molho na água fria por 8 horas. Escorra e cozinhe com água, 1 folha de louro e 1 colher (sopa) de óleo de soja por 20 minutos em panela de pressão. Retire as cascas que tiverem se soltado. Este é o cozimento básico da soja, que serve para qualquer receita. Coloque a erva-doce, a cenoura, a cebola, a salsinha, a hortelã, o azeite de oliva, a pimenta e o sal. Acrescente 2 xícaras (chá) de água, ou o suficiente para cobrir todos os ingredientes e misture. Cozinhe com a panela destampada, mexendo de vez em quando, até os legumes cozinharem (cerca de 8-10 minutos). Prove o tempero. Se for preciso, adicione mais água duran-te o cozimento. Sirva numa sopeira, acompanhado de arroz integral.

DICA: *Para deixar a soja saborosa, é importante dar o choque térmico, que tira o amargor e deixa os grãos saborosos.*

ASSADO COM BATATAS

Ingredientes para 4 pessoas:
2 xícaras (chá) de proteína texturizada de soja graúda – 4 xícaras (chá) de água fervente – 1 colher (sopa) de óleo de soja (ou canola) – 1 dente de alho – 2 folhas de louro – 4 batatas cozidas, fatiadas – 3 tomates fatiados – 1 cebola – 1 pimentão cortado em rodelas – 2 ovos cozidos – 10 azeitonas sem caroço

MOLHO: *1 caixinha de polpa de tomate – 1 colher (sopa) de óleo de soja (ou canola) – 1 dente de alho – 1 vidro de leite de coco – caldo de ½ limão – azeite.*

Tempo de preparo: 50 min
Calorias por porção: 467

Modo de fazer: Preparo da proteína de soja. Cubra-a com a água fervente e deixe de molho por 10 minutos. Escorra na peneira, apertando com uma colher para retirar o excesso de água. Refogue em óleo e alho, com as folhas de louro. Numa assadeira, arrume em camadas as batatas cozidas, a proteína de soja e as fatias de tomate, cebola e pimentão. Decore com os ovos e as azeitonas. Refogue a polpa de tomate em 1 colher (sopa) de óleo e 1 dente de alho. Acrescente os demais ingredientes e misture. Regue o cozido com o molho e asse em forno pré-aquecido por 5-10 minutos. Sirva em seguida com arroz e salada.

ESPETINHO DE TOFU

Ingredientes para 4 espetinhos:
250 g de tofu – 1 abobrinha média – 4 espetos de madeira – 6 tomates médios – 3 dentes de alho amassados – ½ xícara (chá) de salsa e cebolinha verde picadas – 2 colheres (sopa) de azeite de oliva – sal a gosto

Tempo de preparo: 1h
Calorias por porção: 120

Modo de fazer: Escorra a água do tofu e embrulhe-o em um pano fino para secar. Depois de 40 minutos, corte o tofu em 12 cubos e reserve. Lave a abobrinha, tire as pontas, corte em 12 pedaços e reserve. Monte 4 espetinhos com 3 pedaços de tofu, 3 de abobrinha e 3 de tomate em cada um deles. Numa tigela, misture o alho, a salsa e a cebolinha, o azeite e o sal. Arrume os espetinhos num frigideira antiaderente e cubra com o tempero. Grelhe os espetinhos por cerca de 10 minutos, até a abobrinha ficar cozida, mas durinha. Depois de 5 minutos no fogo, vire os espetinhos. Sirva com salada verde.

DICA: *O tofu é um queijo fresco, feito com soja, que se encontra em lojas de produtos orientais.*

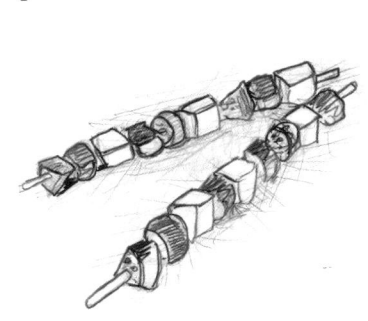

Proteína Vegetal Texturizada (PVT)

Ingredientes para 2 porções:
1 xícara (chá) de proteína texturizada de soja – 2 xícaras (chá) de água fervente

Tempo de preparo: 15 min
Calorias por porção: 150

Modo de fazer: Coloque a proteína texturizada de soja em um recipiente de vidro e cubra com a água fervente. Deixe por 10 minutos até que a proteína de soja absorva a água. Escorra no escorredor de macarrão; aperte com uma colher para retirar o excesso de água. A proteína de soja pode ser usada em refogados – combinada com legumes, como mandioquinha, chuchu, salsão, alho-poró e abobrinha, tomate e broto de feijão cozidos – e em recheios, como substituto da carne moída. As receitas Assado com batatas e estrogonofe *light* são feitas com proteína texturizada de soja graúda.

Estrogonofe light

Ingredientes para 4 porções:
2 xícaras (chá) de proteína texturizada de soja graúda – 1 colher (sopa) de óleo de soja (ou canola) – ½ cebola picada – 1 lata de molho de tomate pronto – ½ xícara (chá) de água – sal, pimenta-do-reino e pimenta vermelha a gosto – ½ xícara (chá) de cogumelos

Tempo de preparo: 30 min
Calorias por porção: 126

Modo de fazer: Hidrate a proteína texturizada como indicado anteriormente. Doure a cebola no óleo. Junte o molho de tomate e a água e tempere com sal, um pouquinho de pimenta-do-reino e duas gotas de molho de pimenta vermelha. Deixe cozinhar até engrossar. Acrescente a proteína de soja e os cogumelos, cozinhe um pouco em fogo baixo e sirva em seguida.

Variação: *Ao final da receita, com o fogo desligado, acrescente ½ caixinha de creme de leite light.*

Misture bem. Aqueça sem deixar ferver e sirva em seguida. Nesse caso, o prato serve 5 pessoas e as calorias aumentam: 150 por porção.

TORTA DE FRANGO

Ingredientes para 10 porções:
MASSA: *3 xícaras (chá) de farinha de trigo – 1 ½ colher (sopa) de manteiga em temperatura ambiente (ou margarina) – 3 colheres (café) de fermento em pó – 1 colher (café) de sal – ½ xícara (chá) de água morna*

RECHEIO: *1 xícara (chá) de soja cozida – 1 xícara (chá) de requeijão – 1 xícara (chá) de azeitonas pretas picadas – 1 xícara (chá) de peito de frango cozido e desfiado – 2 gemas*

Forma redonda de 23 cm

Tempo de preparo: 50-60 min
Calorias por porção: 225

Modo de fazer: Em uma tigela, peneire a farinha, o fermento e o sal. Acrescente a manteiga e misture bem. Adicione a água morna aos poucos – usa-se no máximo ½ xícara, às vezes um pouco menos. Trabalhe a massa até ficar maleável. Em pouco tempo (cerca de 5 minutos) ela fica maleável – não trabalhe muito, senão passa do ponto.

RECHEIO: Coloque no processador a soja e o requeijão e bata até formar uma pasta. Leve essa pasta ao fogo com o frango e as azeitonas picadas. Cozinhe alguns minutos em fogo brando, mexendo, até os ingredientes se mesclarem. Reserve. Abra a massa com o rolo sobre a pia (limpa e seca, polvilhada com farinha). Coloque a massa nas bordas e no fundo da forma. Estique a massa restante e recorte um círculo para cobrir a forma. Adicione o recheio e cubra com a tampa de massa, fechando bem dos lados. Bata as gemas e pincele a massa com elas. Faça um pequeno furo na tampa de massa para deixar sair o vapor. Asse em forno pré-aquecido por 30-40 minutos.

Risoto de tofu e ervas

Ingredientes para 4 porções:
2 xícaras (chá) de tofu –
4 colheres (sopa) de shoyu –
3 xícaras (chá) de água –
4 colheres (sopa) de azeite de
oliva – ½ cebola picada –
1½ xícara (chá) de arroz lavado e
escorrido – 1 cabeça de alho-poró
picado – 1 cenoura ralada –
3 colheres (sopa) de milho verde
(opcional) – cheiro-verde,
hortelã e manjericão picados –
sal e pimenta-do-reino a gosto

Tempo de preparo: 40 min
Calorias por porção: 354

Modo de fazer: Escorra a água do tofu e seque-o em um pano. Corte-o em pedaços e bata no liquidificador com o shoyu até obter uma pasta homogênea. Leve essa pasta ao fogo até ferver. Tampe e reserve. Em outra panela, refogue a cebola no azeite de oliva, mexendo, até a cebola ficar levemente dourada. Coloque o arroz e frite, mexendo sem parar, durante cerca de 5 minutos. Ferva o creme de tofu e adicione 1 colher de sopa ao arroz, misturando bem os ingredientes na panela. Continue a colocar a pasta e a misturar; quando o líquido estiver secando, coloque mais pasta. Repita isso até terminar a pasta. Antes de colocar a última colher de pasta de tofu, acrescente a cenoura, o milho verde e as ervas picadas. Misture com cuidado e prove; coloque pimenta-do-reino e sal, se preciso. Junte a última colher de pasta de tofu, misture cuidadosamente e retire do fogo. Sirva em seguida. Quando o risoto esfria, fica pesado e empapado.

Dica: *O arroz deve ficar meio durinho. O risoto é de cozimento rápido e deve ser consumido em seguida para ser devidamente apreciado.*

Variação: *Faça o risoto sem o milho verde. Nesse caso, o valor calórico fica 347 por porção.*

ENSOPADO DE FRANGO

Ingredientes para 4 porções:
1 xícara (chá) de soja – ½ cebola picadinha – 1 dente de alho amassado – 1 colher (sopa) de óleo de soja – 250 g de peito de frango sem pele cortado em cubos – 1 tablete de caldo de carne – 1 xícara (chá) de salsão picado

Tempo de preparo: 1 h (mais 3 h de molho)
Calorias por porção: 153

Modo de fazer: Cozinhe a soja em 2 xícaras (chá) de água por 5 minutos, contados depois da fervura. Escorra, lave em água fria e deixe de molho por 3 horas. Em seguida, escorra a água e reserve. Em uma panela de pressão, refogue a cebola e o alho no óleo quente até ficarem murchos. Adicione o frango e frite rapidamente. Junte a soja, o tablete de caldo de carne picado e 1 ½ litro de água. Tampe a panela e cozinhe por 40 minutos, ou até a soja ficar macia. Acrescente o salsão e cozinhe por mais 5 minutos. Sirva com arroz e espinafre (ou escarola) refogados.

VARIAÇÃO: *Substitua o peito de frango por paio e o salsão por alho-poró.*

HAMBÚRGUER ASSADO

Ingredientes para 6 hambúrgueres:
1 xícara (chá) de soja – 1 folha de louro – 1 colher (sopa) de óleo de soja – ¼ de xícara (chá) de arroz integral – ¼ de xícara (chá) de farinha de rosca – 1 colher (sopa) de shoyu – 3 colheres (sopa) de salsinha picada – 2 colheres (sopa) de óleo de soja (ou canola) – sal a gosto – 1/2 pé de alface – 2 tomates fatiados – 2 fatias de pão integral por pessoa

Tempo de preparo: Cerca de 1 h e 35 min (mais 8 h de molho)

Calorias por porção: 109 (só o hambúrguer); 255 (com 2 fatias de pão e a salada)

Modo de fazer: Siga o cozimento básico da soja (veja receita Cozido com erva-doce, à pág. 9). Depois que a soja estiver cozida, junte o arroz e cozinhe por mais 20 minutos na panela de pressão. Retire do fogo e deixe escorrer em uma peneira por 10 minutos. Bata os grãos no processador até obter uma pasta. Coloque em uma tigela essa pasta e acrescente a farinha de rosca, o shoyu, a salsinha e 2 colheres (sopa) de óleo. Prove o tempero e adicione sal, se necessário. Misture tudo até obter uma massa consistente e divida-a em 6 hambúrgueres. Asse-os em forma untada, no forno pré-aquecido, por cerca de 20-30 minutos. Sirva com folhas de alface, rodelas de tomates e pão integral.

Almôndegas

Ingredientes para 4 porções:
Massa: *2 e ½ xícaras (chá) de resíduo de soja (kinako) – 2 colheres (sopa) de farinha de trigo – 2 colheres (sopa) de cheiro-verde picado – 1 colher (sopa) de cebola picada – sal a gosto – 1 colher (sopa) de óleo de soja* Molho: *1 colher (sopa) de óleo de soja – 2 colheres (sopa) de cebola picada – 1 dente de alho*

1 xícara (chá) de tomates picados sem sementes – 2 colheres (sopa) de extrato de tomates (opcional) – 2-3 xícaras (chá) de água – sal e pimenta a gosto – 2 colheres (sopa) de cheiro-verde picado

Tempo de preparo: 1 h
Calorias por porção: 235

Modo de fazer: Veja a receita de Kinako à pág. 23. Misture todos os ingredientes da massa numa bacia plástica. Forme os bolinhos e asse em forno pré-aquecido, em temperatura média, por cerca de 20 minutos. Enquanto isso, prepare o molho. Refogue em óleo quente a cebola, o alho e os tomates, mexendo sempre, até os tomates se desmancharem. Acrescente o extrato de tomate e a água. Tempere com sal e pimenta e tampe a panela. Baixe o fogo após a fervura e deixe cozinhar por 5 minutos. Retire do fogo e adicione o cheiro-verde. Cubra as almôndegas com o molho quente e sirva em seguida.

MISSOSHIRO

Ingredientes para 4 porções:
1 litro de água – 2 colheres (sopa) de hondashi *(tempero seco de peixe) ou bonito seco em flocos – 4 colheres (sopa) de missô (pasta de soja) – 100 g de tofu cortado em cubos – ½ xícara (chá) de cebolinha picada*

Tempo de preparo: 20 min
Calorias por porção: 52

Modo de fazer: Leve ao fogo a água com o peixe seco até ferver. Retire do fogo. Acrescente o missô ao caldo, mexendo até dissolver completamente. Coloque os pedaços de tofu e leve ao fogo novamente até levantar fervura – o missô não deve ferver. Coloque o caldo em taças e decore com a cebolinha picada. Sirva bem quente.

DICA: *O* missoshiro *é um caldo japonês energético, de uso diário no Japão. O* hondashi*, o bonito seco e o missô são vendidos em lojas de produtos orientais.*

SOBREMESAS

BOLO DE NATAL

Ingredientes para 25 porções:
MASSA: *1 xícara (chá) de açúcar – 6 colheres (sopa) bem cheias de margarina – 4 ovos – 1 xícara (chá) de extrato de soja – 1 ½ xícara (chá) de farinha de trigo – 1 xícara (chá) de farinha de soja – ½ xícara (chá) de amido de milho – ½ xícara (chá) de farinha de trigo misturada com as frutas – ½ xícara (chá) de uvas-passas – 1 xícara (chá) de frutas cristalizadas –1 colher (sopa) de fermento em pó*

GLACÊ: *2 xícaras (chá) de açúcar de confeiteiro – 4 colheres (sopa) de água quente – 2 colheres (sopa) de rum*
PARA DECORAR: *1 vidro pequeno de cerejas em calda*

Tempo de preparo: 1 h e 10 min
Calorias por porção: 180

Modo de fazer: Coloque na batedeira o açúcar, a margarina, as gemas e bata até obter um creme homogêneo. Com a batedeira desligada, adicione, alternadamente, o extrato de soja, as farinhas (trigo e soja) e o amido de milho, previamente misturados e peneirados, e misture delicadamente. Adicione a farinha de trigo misturada com as uvas-passas e frutas cristalizadas e misture delicadamente com uma colher de pau. Bata as claras em neve e adicione suavemente à massa. Coloque o fermento em pó. Transfira a massa para uma forma de pudim, untada com margarina e polvilhada com farinha de trigo. Pré-aqueça o forno e asse por aproximadamente 25 a 30 minutos em forno médio. Enquanto o bolo assa, prepare o glacê: misture o açúcar

de confeiteiro, a água quente e o rum. Espere o bolo esfriar para cobri-lo com o glacê. Decore com as cerejas em calda.

DICA: *O extrato de soja é vendido em lojas de produtos naturais.*

BOLO DE LARANJA

Ingredientes para 25 porções:
MASSA: *4 ovos inteiros – 1 xícara (chá) de suco de laranja – 1 xícara (chá) de óleo de soja – 2 xícaras (chá) de açúcar – 2 xícaras (chá) de farinha de trigo – 1 xícara (chá) de farinha de soja – 1 colher (sopa) de fermento em pó – 1 colher (café) de sal*
GLACÊ: *4 colheres (sopa) de água – 2 xícaras (chá) de açúcar de confeiteiro*
SUGESTÃO PARA DECORAR: *raspas de laranja ou paus de canela*

Tempo de preparo: 1 h e 10 min
Calorias por porção: 197

Modo de fazer: Separe as gemas das claras e retire a película das gemas com o garfo, ou passe-as por uma peneira fina. Coloque no liquidificador o suco de laranja, o óleo, o açúcar, as gemas sem película e as claras e bata por 3 minutos. Despeje em uma tigela grande. Misture as farinhas de trigo e soja e peneire na tigela. Mexa bem com uma espátula de borracha. Acrescente o fermento em pó e o sal e misture bem. Despeje a massa em uma fôrma de tamanho médio untada com margarina e polvilhada com farinha de trigo. Pré-aqueça o forno e asse em temperatura média, por mais ou menos 35 minutos. Deixe esfriar e confeite o bolo.

GLACÊ: misture bem a água e o açúcar de confeiteiro até obter a consistência de uma pasta. Espalhe sobre o bolo com uma espátula de borracha ou colher.

TORTA DE MAÇÃ

Ingredientes para 12 fatias:

Massa: *80 g de manteiga com sal em temperatura ambiente – ½ xícara (chá) de açúcar – 1 xícara (chá) de farinha de trigo – ½ xícara (chá) de farinha de soja – 1 ovo – 1 colher (sobremesa) de raspa de limão*

RECHEIO: *5 maçãs com casca, cortadas em fatias – 3 colheres (sopa) de uvas-passas – 1 colher (sobremesa) de canela em pó*

Tempo de preparo: 1 h e 30 min
Calorias por porção: 179

Modo de fazer: Coloque em uma bacia plástica a manteiga, o açúcar e o ovo, e amasse com uma das mãos até formar uma massa homogênea. Adicione aos poucos a farinha de trigo e de soja até que a massa fique lisa novamente. Por último, coloque a raspa de limão. Use ¾ dessa massa para abrir em uma forma refratária redonda, de tamanho pequeno. Pré-aqueça o forno. Asse em forno baixo por 5 minutos, só para dar uma leve assada na massa. Recheio: coloque as maçãs fatiadas em uma panela com tampa e cozinhe em fogo baixo por 15 a 20 minutos. Não precisa adicionar água, a própria maçã vai soltar. Retire do fogo. Acrescente as uvas-passas e a canela e cubra a massa previamente assada com o recheio. Tampe a torta com o restante de massa que sobrou. Leve ao forno baixo por mais 20 minutos. Se quiser, peneire um pouco de açúcar sobre a torta, depois de pronta, para decorá-la.

VARIAÇÃO: *Esta torta pode ser feita com recheio de abacaxi, morango, pêssego ou banana.*

COLOMBA PASCAL

Ingredientes para 8 porções:
FERMENTO: *1 colher (sobremesa) de extrato de soja – ¼ de xícara (chá) de água morna – 2 tabletes (15 g cada) de fermento biológico – 1 ½ colher (sopa) de açúcar – 1 pitada de sal – ½ xícara (chá) de farinha de trigo*
MASSA: *½ xícara (chá) de mistura para panetone (pamix) – 1 ovo inteiro – 2 gemas – 1 colher (sobremesa) de extrato de soja dissolvido em ¼ de xícara (chá) de água morna (leite de soja) – 1 ½ xícara (chá) de farinha de trigo – ½ xícara (chá) de farinha de soja – 1 xícara (chá) de frutas cristalizadas – ½ xícara (chá) de uvas-passas – 1 colher (chá) de essência de baunilha.*

Tempo de preparo: 2 h e 30 min
Calorias por porção: 230

Modo de fazer: Dissolva o extrato de soja em água morna: assim o leite de soja está pronto. Coloque o leite em uma tigela e dissolva o fermento. Acrescente o açúcar, o sal e a farinha de trigo. Misture bem os ingredientes e cubra a tigela. Deixe repousar por aproximadamente 15 minutos para que o fermento cresça. Enquanto isso, coloque a mistura para panetone, o ovo inteiro e as duas gemas na batedeira. Bata até obter um creme homogêneo. Desligue a batedeira e acrescente o fermento crescido e o leite de soja morno. Peneire as farinhas de trigo e soja sobre a massa. Misture os ingredientes com as mãos. Adicione as frutas cristalizadas, as passas e a baunilha. Divida a massa em quatro partes e modele-as em forma de bolas. Coloque em duas assadeiras e cubra com um pano limpo. Deixe a massa em um lugar quente para crescer até dobrar de tamanho (mais ou menos 1 hora). Pré-aqueça o forno e asse em duas levas, uma assadeira por vez, com duas colombas cada uma, em temperatura média por cerca de 40 minutos, até a massa ficar "moreninha".

BISCOITOS COM GELÉIA

Ingredientes para cerca de 40 biscoitos:
160 g de manteiga (ou margarina) – ⅓ de xícara (chá) de açúcar – 2 gemas – 1 colher (chá) de baunilha – 1 colher (café) de sal – 1 xícara (chá) de farinha de trigo – ½ xícara (chá) de farinha de soja – 2 claras – geléia de frutas

Tempo de preparo: 40 min
Calorias por porção: 55

Modo de fazer: Bata a manteiga e o açúcar na batedeira até se integrarem e ficarem leves. Adicione as gemas, a baunilha e o sal. Bata bem. Acrescente, aos poucos, passando pela peneira, as farinhas. Misture bem com a colher de pau. Forme bolinhas e disponha na assadeira untada, deixando espaço de cerca de 2 cm entre elas. Bata levemente as claras. Passe cada bolinha nas claras. Afunde com o dedo o centro de cada bolinha. Pré-aqueça o forno e asse em fogo moderado por cerca de 15 minutos, até os biscoitos dourarem. Coloque a geléia no centro dos biscoitos e sirva.

PÃO CASEIRO

Ingredientes para 2 pães (rendimento: 30 fatias):
30 g de fermento biológico (2 tabletes) – 1 xícara (chá) de água morna – 3 colheres (sopa) rasas de açúcar – 5 xícaras (chá) de farinha de trigo – 1 xícara (chá) de farinha de soja – ½ xícara (chá) de óleo – 1 colher (chá) de sal – 2 ovos

Tempo de preparo: 1 h (mais 1 h para crescer)
Calorias por fatia: 100

Modo de fazer: Dissolva o fermento em água morna. Adicione o açúcar e 1 xícara (chá) de farinha de trigo. Cubra com um plástico e deixe descansar por 15 minutos. Em uma bacia plástica, misture a farinha de soja, o fermento preparado, o óleo, o sal e os ovos. Coloque aos poucos o restante da farinha de trigo, trabalhando a massa até que os ingredientes se unam e a massa solte dos dedos. Molde dois filões de pão. Unte uma assadeira bem grande com margarina e polvilhe com farinha de trigo. Coloque os pães bem afastados um do outro. Deixe crescer por 1 hora. Pré-aqueça o forno e asse por mais ou menos 30 minutos, no início em temperatura média; depois que os pães estiverem dourados, baixe a temperatura do forno.

Opção: *Se quiser, coloque a massa em duas formas de pão (ou bolo inglês) previamente untadas.*

Nota: *Este pão, que leva soja na massa, tem o mesmo sabor do pão de trigo comum.*

Vitamina de banana

Ingredientes para 1 porção:
1 copo de água – 2 colheres (sopa) de extrato de soja – 1 banana cortada em rodelas – 1 colher (sopa) de aveia em flocos

Tempo de preparo: 5 min
Calorias por porção: 174

Modo de fazer: Coloque os ingredientes no liquidificador e bata rapidamente. Não é preciso adoçar: a banana deixa a vitamina naturalmente doce.

Variação: *Você pode variar as frutas, utilizando caqui, manga, morangos ou abacaxi. Usando caqui ou manga, não é preciso adoçar; com morangos e abacaxi, coloque 1 colher (sobremesa) de açúcar ou adoçante.*

Iogurte vitaminado

Ingredientes para 1 porção:
1 copo de iogurte desnatado – 1 colher (sopa) de extrato de soja – 3 fatias de manga

Tempo de preparo: 5 min
Calorias por porção: 198

Modo de fazer: Coloque todos os ingredientes no liquidificador e bata rapidamente. Não é preciso adoçar: a manga deixa a vitamina naturalmente doce.

VARIAÇÃO: *Varie o sabor da vitamina substituindo a manga por ½ papaia e adicione 1 colher (sopa) de aveia. Se quiser, coloque 1 colher (chá) de açúcar.*

KINAKO
(FARINHA DE SOJA CASEIRA)

Ingredientes para 1 kg:
1 kg de grãos de soja escolhidos

Tempo de preparo: 30 min
Calorias por 1 colher (sopa): 71

Modo de fazer: Coloque os grãos em uma assadeira e leve ao forno pré-aquecido por 20 minutos para torrá-los. Asse em fogo baixo, mexendo sempre para os grãos não queimarem. Quando as cascas começarem a se soltar, retire do forno. Deixe esfriar. Retire as cascas e moa os grãos no liquidificador ou multiprocessador até se tornarem uma farinha. Guarde em recipiente fechado.

DICA: *Se quiser torrar a soja no microondas, coloque ½ kg por vez, em potência alta, por aproximadamente 6 minutos, mexendo de 2 em 2 minutos.*

USO: *O kinako tem múltiplos usos. Pode ser colocado no iogurte, na sopa, na granola, no leite, no mingau etc.*

GRANOLA

Ingredientes para 4 porções:
*½ xícara (chá) de uvas-passa –
½ xícara (chá) de aveia em flocos – ½ xícara (chá) de kinako – ½ xícara (chá) de flocos de cereais*

Tempo de preparo: 5 min
Calorias por porção: 202

Modo de fazer: Coloque todos os ingredientes em uma tigela e misture bem. Guarde em um vidro grande e use no café-da-manhã e no lanche, com leite ou frutas.

IOGURTE COM KINAKO

Ingredientes para 1 porção:
1 copo de iogurte natural desnatado - 1/3 xícara (chá) da fruta de sua preferência, picada - 1 colher (sopa) de kinako - mel ou adoçante (opcional)

Tempo de preparo: 5 min
Calorias por porção: 220 com adoçante; 300 com mel

Modo de fazer: Coloque em um prato fundo todos os ingredientes e misture.

MINGAU

Ingredientes para 1 porção:
1 xícara (chá) de leite desnatado – 1 colher de (sopa) rasa de amido de milho – 1 colher (sopa) de kinako – 1 colher (sopa) de açúcar – canela em pó

Tempo de preparo: 10 min
Calorias por porção: 240

Modo de fazer: Em uma panela, coloque o leite, o amido de milho, o kinako e o açúcar. Misture bem e leve ao fogo, mexendo de vez em quando. Ao ferver, baixe o fogo e mexa continuamente para não empelotar. Depois de alguns minutos de cozimento, está pronto. Coloque em uma travessa, polvilhe canela em pó e sirva em seguida.